Missão

Vale do Silício

Missão

Vale do Silício

OS BASTIDORES DO LUGAR MAIS INOVADOR DO PLANETA

APRENDA COMO REINVENTAR O SEU NEGÓCIO COM AS ESTRATÉGIAS DO VALE

Pedro Gadelha

@pedro_gadelha

DEDICATÓRIA

Nesta grande aventura chamada Vida temos a oportunidade de compartilhar alguns momentos com pessoas muito especiais, alguns verdadeiros anjos enviados por Deus.

Dedico este livro a uma pessoa que sempre esteve do meu lado, nos altos e baixos, na alegria e na tristeza, e seu amor e paciência me ajudam a cada dia ser uma pessoa melhor. Dedico esse livro a minha Musa inspiradora e esposa, Maria.

Agradeço aos meus queridos filhos, Yasmim, Yan e João Leo, que me ensinam algo novo todos os dias.

A meu amigo e sócio André Bianchi, que confiou em mim e juntos construímos muitas coisas e o melhor ainda está por vir. E minha querida mãe, sempre presente com seu carinho e amor.

Acima de tudo agradeço a Deus, meu grande mentor e guardião, sem ele nada acima seria possível ou teria sentido. Obrigado, Senhor, por mais um milagre.

Agradeço aos amigos, colaboradores, alunos, clientes e parceiros que me apoiam, incentivam e que acreditam em mim. E agradeço a você caro leitor pela confiança, que as palavras deste livro possam trazer luz para alguma questão de sua vida.

Muito obrigado a todos!

Resultados Extraordinários Têm Um Padrão

Quando escolhi o nome desse livro, **Missão Vale do Silício** tinha uma intenção ousada, mostrar os bastidores do lugar mais inovador do planeta.

Vou além, não apenas mostrar os bastidores, mas como você pode tropicalizar (mais para frente explico melhor o que isso significa) essas práticas para usar no seu negócio, ideia ou onde quiser.

Sabe, depois de dezenas de missões de negócios que realizei no Vale, percebi uma coisa muito interessante: O que a mídia mostra **não é 5%** do que realmente acontece lá.

Existe muito oba oba sobre este lugar, costumo dizer que muitos vão até lá achando que é a **Disney dos negócios**, mas a verdade é que o Vale tem uma combinação única de ingredientes que o tornam ele a potência e referência que é hoje.

Uma das coisas que mais me preocupa hoje é a quantidade de novos locais que muitas vezes chegam com a promessa de ser o próximo Vale do Silício.

A primeira coisa que você precisa entender é: será que esse lugar pode ser replicado? É um lugar único?

Será realmente que é possível replicá-lo?

Descobrir isso pode ser a coisa mais importante para seu negócio hoje.

Depois de um tempo, eu comecei a entender os motivos que tornam aquela região tão especial.

Mais do que entender os motivos, comecei a ver padrões que outras cidades, empresas e empreendedores podem adotar e mudar de forma exponencial o seu modelo de gerar valor e resultados.

O que eu quero te mostrar nas próximas páginas pode mudar completamente sua forma de olhar as coisas.

Costumo dizer aos participantes no início de nossas missões de negócios, que eu não sei quem eles são agora, mas posso garantir que não serão os mesmos após a imersão.

Você terá um olhar diferente sobre as mesmas coisas, um **mindset mais aguçado**.

Sua mente vai ficar aberta para oportunidades que antes você não conseguia enxergar e seus resultados serão potencializados.

Está Na Palma de Sua Mão

Pegue seu celular, talvez você já esteja com ele em suas mãos, agora busque os 5 principais aplicativos que você mais usa diariamente.

Eu poderia apostar, que se não todos, pelo menos 90% deles são de empresas do Vale.

E não são apenas aplicativos. São novos hábitos, novos comportamentos e estilo de vida que surgiram lá e impactam o mundo todo.

Imagine sua rotina hoje, tudo o que faz e costuma fazer durante uma semana, ou durante o seu ano, normalmente.

Agora imagine essa rotina sem o Google, sem Uber, sem Airbnb, sem Iphone... imaginou? Agora tire também o Facebook, Instagram e a Netflix... Como seria sua rotina?

Alguns podem até começar a suar frio só de imaginar.

Não sei se você já tinha parado para pensar nisso, mas eu me perguntava com frequência.

O que tem nesse lugar para ser o berço das inovações do mundo? Como as empresas que nascem lá conseguem causar um impacto global?

Empresas como a Intel, Google, Facebook, HP, Apple, Twitter, Netflix e muitas outras, foram *startups* que nasceram no Vale. Mas, hoje toda grande empresa com atuação global possui um escritório lá.

Até o primeiro empreendedor a criar uma empresa privada a enviar astronautas ao espaço veio de lá. A SpaceX não fica no Vale, mas Elon Musk iniciou sua fortuna lá, com o PayPal.

A lista não para aí, é bem extensa por sinal.

Mas a pergunta que você deve estar se fazendo agora é...

O Que Acontece Lá?

Antes de falar o que acontece lá, preciso falar do porquê acontece.

Preste muita atenção, pois o que vou escrever agora é muito importante e pode virar uma chave em seu mindset.

Pergunto, o que as empresas que citei acima tem em comum?

Consegue enxergar uma relação entre elas?

Estas que listei e muitas outras que existem lá, inclusive as startups que estão nascendo neste exato momento no Vale, têm um ingrediente semelhante.

Elas nascem com o propósito de causar um impacto no mundo.

Preste muita atenção na frase acima. Ela tem 3 palavras que podem resumir as empresas do vale. Pegou quais são?

Vamos lá: Nascem / Propósito / Mundo

Vou explicar. Toda startup no Vale já nasce com um propósito claro. Não descobrem no caminho, aliás elas nascem por causa do propósito.

Lembro de uma reunião que tive na sede da SalesForce, empresa bilionária de CRM para vendas, hoje o maior prédio de San Francisco, na verdade o maior da costa oeste. Bom, nessa reunião, com um dos seus gerentes de vendas, que nos conta a história da fundação da empresa. Na ocasião o fundador Marc Benioff, estava de férias, nadando com golfinhos, quando teve a ideia de criar um CRM nas nuvens. Na época isso ainda não existia.

Achei interessante e perguntei como ele sabia dessa história, e ele simplesmente me respondeu: Pedro, todos que trabalham aqui sabem disso.

São mais 50 mil pessoas.

E vejo tantos pequenos e grandes negócios no Brasil, que não tem a menor ideia do porquê eles existem. Vou falar mais sobre isso à frente.

Voltando para as 3 palavras, no Vale, toda startup nasce e cresce com clareza do seu propósito e como isso vai impactar de alguma forma o mundo. Não a sua cidade, não sua região, não seu estado ou país, e sim o MUNDO.

Você pode estar pensando agora, "Ah Pedro, isso é muito romântico, no mundo dos negócios, no dia a dia isso não funciona. Na minha empresa a realidade é outra".

Acalme sua alma, por enquanto o que peço é que vá pegando as peças desse quebra cabeça, que iremos montar ele aos poucos. Posso contar com você?

Por Que o Vale

Eu não quero parecer exagerado, muito menos ficar interrompendo o texto. Mas, por favor, leia essas próximas linhas prestando bastante atenção.

A primeira que vez que fui para o Vale, confesso que no começo fiquei maravilhado, sabe aquela sensação quando tudo é novidade?

Lugares novos, pessoas novas, ideias novas. Foi uma bomba na minha mente. O networking que você constrói é surreal, mas vou detalhar isso mais pra frente.

Diferente de muitas empresas no Brasil, lá eles têm prazer em receber visitas para contar sobre seu propósito, e claro, sobre as estratégias e tecnologias que usam para ganhar clientes no mundo todo.

Mas, voltando para o Brasil algo interessante aconteceu, as reuniões com meus sócios não eram mais as mesmas. O olhar para as estratégias era outro. No começo, era algo sutil, mas com o tempo foi se tornando parte da rotina.

Um dos pontos altos nas imersões são as interações com os empreendedores de lá. Desde pequenas startups à executivos das gigantes, e chega um momento em que você começa a enxergar um padrão.

Mas, para isso é preciso estar atento. Como vou muito para lá, tem uma frase que me faz ficar alerta. Ela diz o seguinte:

"Olhe o mundo com os olhos de turista, que vê beleza por onde passa, onde todos só vêem a rotina."

Sempre fui um cara curioso, minha mulher fica doida comigo, estou sempre perguntando. Não sou de assistir novela, mas, às vezes, ela está vendo e me sento para ficar um pouco com ela nesse momento e já começo a perguntar... por que ele fez isso? E ela? Para onde eles vão...

Rsrsrsrs.... Se você é esposa, ou um marido e já passou por isso, sabe do que estou falando.

Me perdi um pouco né... Bom, voltando, eu comecei a estudar um pouco da história do Vale do Silício. Não sei se você sabe, mas o Vale é uma região que começa em San José e vai até San Francisco, uns 80 km aproximadamente.

Mas, a história vem bem antes disso, quando o território era dos espanhóis, depois dos mexicanos até virar domínio dos EUA.

A corrida do ouro aconteceu ali. E quem mais se beneficiou disso não foram os garimpeiros. A visão empreendedora do local transcende a atualidade.

Empreendedores locais, percebendo o movimento, se anteciparam percebendo que aqueles garimpeiros iriam precisar de comida, roupas, abrigo, ferramentas e muito mais. Esses aí fizeram fortuna e estão até hoje no mercado. Veja o caso da Levis, que usava as lonas das carroças para fazer calças para os trabalhadores da região.

O empresário, empreendedor e profissional desta era em que vivemos precisam cultivar a curiosidade. Se você não tiver essa curiosidade e não buscar pela história das coisas, você sempre será um empreendedor limitado.

Se você não conhecer as raízes, como irá entender os frutos?

Vejo muitos empresários esquecendo que existe uma parte estratégica e focam só no operacional.

Se você focar só na tecnologia, você irá perder a essência. E se você perder a essência, você perdeu tudo.

Como a sua empresa, o Vale também tem uma história, tem um processo, tem um passo a passo que hoje é tão intrínseco ao local que poucos notam. E é isso que eu quero compartilhar com vocês.

Quero mostrar que você pode criar um Silicon Valley em sua empresa. Que você pode revolucionar a forma como você faz negócios e como lida com seu time.

Agora pense comigo, você acha que o marketing dessas empresas é igual de uma empresa que atua regionalmente? E as estratégias de vendas? e o RH?

Pois é. Isso que eu quero que você enxergue. Não é porque você não é global, ainda, que você não pode aprender e tropicalizar essas estratégias para sua realidade.

Lembra da Salesforce que citei acima? A estratégia de vendas que levou ela a ser a potência que é hoje, já foi contada em 2 grandes livros. Vou falar mais sobre isso nos próximos capítulos.

O ponto aqui é, eu adaptei essa estratégia para a realidade das minhas empresas e renderam milhões em vendas. Agora, e se eu tivesse pensado - "Ah isso não é para mim.... no Brasil ou no meu país a realidade é outra".

A resposta para essa pergunta você já tem. Teria uns dígitos a menos no fechamento do ano.

Agora e se eu tivesse pensado: "Não é para mim, no Brasil essas coisas não funcionam."

Infelizmente a maioria das pessoas, hoje, que não estão tendo os resultados que poderiam ter, muitas vezes representando milhões em vendas, é simplesmente porque estão repetindo essa mesma frase: "Não é para mim".

Quer dizer que faturar mais não é para você? Quer dizer que lucrar mais não é para você? Que dizer que usar estratégias poderosas altamente validadas não é para você?

Eu acho que não né. Eu acho que é isso que você quer.

Existe um processo que quero mostrar para você, mas antes é muito importante que entenda a base, a origem de tudo isso.

San Francisco tem muito mais a ensinar que apenas esse 'oba oba' de startups que vemos na mídia. De jovens que ficam bilionários.

Existe um bastidor que quase ninguém comenta e é isso que quero apresentar para você. Sem glamour, sem mimimi. Preto no branco.

Toda vez que organizamos as imersões de negócios no Vale do Silício costumo chegar uns 7 dias antes, para abrir novos contatos e fortalecer minha network, aliás esse é um ponto muito importante que irei tratar mais a frente.

Uma vez, eu e meu sócio fomos conhecer um escritório novo da Netflix. Na saída vimos uma placa deles, mas ficava no meio do mato. Como sempre fazemos fotos para postar nas redes sociais e estávamos bem animados aquele dia, decidimos ir lá e tirar a foto no mato mesmo.

O engraçado e interessante dessa foto é que ela teve uma repercussão muito maior do que as que tiramos com os empreendedores que realmente tinham algo a agregar.

Isso me fez refletir um pouco sobre esse comportamento das pessoas. No fundo gostamos do 'oba oba', mesmo que isso não gere os resultados que buscamos.

Gostamos de ver o palco dos outros, mas sempre comparamos isso com os nossos bastidores. E isso é um perigo, pois gera frustração, desânimo e até depressão.

Talvez isso já tenha acontecido com você. Você olha para outra pessoa do mercado, parece que ela está tendo mais resultado, bate um desânimo. Pensa onde estou errando. O que está acontecendo?

Existem empresas no Vale do Silício que passaram anos sem gerar lucro. São modelos diferentes.

Lembro de um estudo que saiu sobre o Facebook, sobre pessoas que tinham x números de amigos tinham mais chance de ter depressão. Porque vivem se comparando. Vivem com a sensação de que está faltando algo. E sabemos que ninguém posta foto de marmita nas redes sociais, só daquele restaurante top, que talvez tenha ido uma vez na vida.

Fazendo o link com a história da foto no Netflix. Muitos vão para o Vale com foco nas gigantes, mas esquecem que elas foram pequenas um dia. E que as estratégias que utilizam hoje são adequadas ao tamanho que ela está.

É aqui que muitos dizem, ah esse negócio não serve na minha empresa.

O importante é você ficar presente para os fundamentos.

A maioria das aceleradoras de startups (empresas que ajudam startups a irem para próximo nível) do Vale focam nos fundamentos com as empresas que passam por seu processo seletivo. Nos fundamentos, na base que toda empresa precisa ter para que seu propósito possa escalar e impactar o mundo todo.

E sim, existe uma metodologia para isso.

Existe Um Segredo?

O que é um segredo? Veja alguns significados que encontrei:

1- O que a ninguém deve ser dito; que é secreto; confidencial.

2- O que há de mais escondido; o que se oculta à vista, ao conhecimento.

3- O que há de mais difícil; o que exige uma iniciação especial, em uma arte, uma ciência etc.

4- Meio ou processo conhecido de uns poucos.

Com essas definições em mente, posso afirmar para você caro leitor, que sim, existe um segredo no Vale do Silício que pode acelerar os resultados de sua empresa, ideia, carreira ou projeto.

Geralmente os itens 1 e 2 acima são os que mais despertam curiosidade. Mas quero chamar sua atenção para os itens 3 e 4.

Algo que exige uma iniciação (ato de começar, iniciar algo) e meio ou processo conhecido de uns poucos.

É aqui que vamos trabalhar.

Em minhas mentorias e treinamentos sobre estratégias de marketing e vendas, sempre mostro de uma forma simples e objetiva como as práticas e métodos do Vale do Silício podem fazer parte da rotina da sua empresa ou vida.

Digo isso, pois temos algo pré-programado em nosso cérebro que repele o que é diferente. Repare não disse novo, nem moderno, e sim diferente.

Mas, você nunca vai alcançar resultados extraordinários fazendo o que sempre fez. O mundo está em constante movimento.

Não existe ficar parado, ou você está evoluindo ou está morrendo.

O que vou mostrar para você nas próximas páginas são os principais processos e caminhos que fazem do Vale do Silício a referência mundial que é hoje, mas só isso não basta, pois precisa de uma ação sua, um ato de começar, uma iniciação.

Ai sim, as coisas começam a acontecer e você começa a vivenciar e tomar posse dos segredos de lá.

Antes de avançar nas estratégias mais utilizadas lá, eu preciso falar sobre o conceito do Mindset do Vale. Mas nós vamos fazer isso, daqui a pouco. No próximo capítulo.

Segure esse livro.
Fique firme aí.

Como Transformar Sua Empresa ou Carreira Com o Mindset do Vale

Mindset é a configuração mental que cada um possui.

Mindset significa "modelo mental". É a maneira como uma pessoa pensa, olha o mundo e a partir dai enfrenta as diversas situações do dia a dia.

Também é por onde começamos a tomar nossas decisões.

E nossos resultados são frutos de nossas decisões.

Segundo Carol Dweck existem dois tipos de mindset. **O mindset fixo e o mindset de crescimento.**

O mindset fixo é encontrado em pessoas que acreditam que sua inteligência e capacidade tem limites. Acreditam em dons e talentos e não no poder do esforço. Aliás, acreditam que esforço é fracasso, pois se você tem que se esforçar para fazer algo é porque você não é capaz ou inteligente o bastante.

Odeiam fracassar. Buscam sempre desculpas externas quando algo não dá certo e raramente assumem a responsabilidade por seus atos.

O mindset de crescimento em pessoas que acreditam que o fracasso, os erros e obstáculos carregam com si uma semente de algo maior. Trata-se de oportunidades de crescimento e superação.

São movidas por desafios. Estão sempre treinando sua mente para encontrar caminhos, soluções e crescerem com isso.

Agora caro leitor, te pergunto.

Quando você pensa no lugar mais inovador do planeta, onde as empresas que nascem lá desafiam o status quo, transforma o impossível em realidade.

Que tipo de mindset você acredita que as pessoas de lá tem?

Atenção, preciso que fique muito presente nas próximas linhas. Sua missão agora é buscar padrões de pensamentos e como você pode usar isso em sua vida e negócios.

Não deixe sua mente te enganar. Vou te dar mais uma peça de nosso quebra cabeça.

Ligando os Pontos

Em 2005 em Palo Alto no Vale do Silício, na Universidade de Stanford aconteceu algo que entrou para história.

Steve Jobs, fundador da Apple, fez um discurso que causou um impacto tremendo. No canal do Youtube de Stanford foram mais de 34 milhões de visualizações. Mas esse número é bem maior, pois muitos outros canais replicaram esse vídeo.

Talvez você já saiba do que estou falando. Mas, de qualquer forma, recomendo que procure no Youtube e assista novamente, vale a pena.

Jobs nunca se formou em nenhuma faculdade. Ele começou, mas não chegou a se formar. Em determinado momento ele decidiu abandonar a faculdade, mas não deixou o campus.

Por mais de um ano ele ficou assistindo as aulas que mais lhe interessavam. E nesse processo ele acabou fazendo um curso de caligrafia que a universidade oferecia.

Naquela época ele não fazia ideia do que isso iria somar na vida dele. A verdade é que ele estava perdido. Mas mesmo perdido não ficou parado.

Dez anos depois, quando ele estava criando o primeiro Mac Computer, isso voltou em sua mente e deu origem aos variados tipos de fontes que temos nos computadores hoje.

Talvez, isso não iria existir hoje se ele não tivesse entrado naquele curso há dez anos atrás.

E a grande lição que ele tirou disso é o que eu quero compartilhar com você agora.

Steve Jobs diz em seu discurso que é impossível você ligar os pontos olhando para frente, pensando no futuro.

A única maneira de ligar os pontos é olhando para trás.

Ele não tinha ideia do que aquele curso de caligrafia iria servir na vida dele.

Convido você leitor a refletir por um momento. Pense em sua vida. Nos projetos que realizou. Pensou?
Agora volte no tempo, e vá lembrando do que você vivenciou, as experiências que teve, as pessoas que conheceu.

Conseguiu ligar algum ponto?

Jobs diz que não temos como saber o poder e impacto das coisas que fazemos hoje em nosso futuro, mas deixa uma dica.

Temos que ter fé, de que em algum momento isso vai fazer a diferença, que em algum lugar do futuro esses pontos irão se conectar e criar algo maior.

Diploma é Coisa do Passado

Sei que pode soar estranha essa frase, talvez você não concorde. Mas não posso omitir, isso já é realidade em vários lugares.

O LinkedIn a maior rede social de negócios do mundo com quase 600 milhões de usuários, já é utilizada para fazer recrutamento antes do candidato saber da vaga.

Isso mesmo, a pessoa já está no processo seletivo e nem sabe. Com base nas informações colocadas no perfil do usuário as empresas já filtram os que tem o melhor perfil para vaga e vão afunilando antes de chamar os finalistas.

Hoje existem muitas profissões que quando o aluno sai da faculdade tudo que ele aprendeu já está defasado.

O mundo está mudando e evoluindo em uma velocidade nunca vista.

Agora pare e reflita. O sistema de ensino evolui nesse ritmo?

Meu objetivo aqui não é criticar o sistema de ensino, embora acredito que devemos ser muito mais críticos do que somos, mas mostrar uma realidade que existe no mercado de trabalho no lugar mais inovador do planeta.

Lá as empresas querem testar suas habilidades de entrega e relacionamento. Soft skills têm sido mais essenciais que apenas as habilidades técnicas.

Muitas vezes o diploma é só uma máscara. No mundo real precisamos de resultados e resultados em equipe.

Como construir uma equipe ideal e principalmente, entender os bastidores das empresas que quero entrar ou fazer negócios?

Além do Cafézinho

No Brasil temos a cultura nos negócios de marcar um café e ficamos dando volta antes de irmos direto ao ponto.

Isso não existe no Vale. Ou você é objetivo ou você está fora.

Isso não é frieza, na realidade isso é respeito.

Todos os dias acontecem os meetups, eventos de diversos assuntos e segmentos.

Você pode se inscrever gratuitamente e assistir a uma apresentação de variados temas. Tudo muito específico e focado. Sempre com o tradicional beer and pizza.

Sim, esses eventos têm cerveja e pizza à vontade e de graça.

Em um desses eventos lembro que um rapaz veio até mim e perguntou o que eu fazia. Expliquei rapidamente que levava executivos do mundo todo para conhecerem os bastidores do Vale e como usar esse modelo de negócio para escalarem suas empresas. Ele sorriu, agradeceu, virou e foi falar com outro.

Me senti um pouco mal, achei que meu pitch tinha sido ruim. Mas depois entendi a dinâmica.

Eles não vão nesses eventos para bater papo, nem para comer pizza. Tudo são negócios.

Na mesma noite, uma outra pessoa me abordou e fiz o mesmo pitch(é uma apresentação sumária de 3 a 5 minutos com objetivo de despertar o interesse da outra parte, investidor ou cliente, pelo seu negócio, assim, deve conter apenas as informações essenciais e diferenciadas). Só que dessa vez ela não foi embora. Conversamos por mais tempo. Ela estava expandindo no Brasil e estava em busca de parceiros.

Aí caiu a ficha. O problema não era meu pitch e sim o foco da pessoa. Ela provavelmente não tinha negócios no Brasil e nem queria ter no momento. Por isso valorizou o tempo dela e o meu.

Quantas vezes ficamos em café e reuniões que sabemos que não vai dar em nada.

Lá eles respeitam muito o tempo deles e dos outros.

Estou abrindo esse bastidor para você, pois vejo muita gente despreparada indo para lá.

Quando você for para o Vale, quem sabe comigo, você já irá preparado. As pessoas vão achar que você sempre foi para lá.

Percebo que algumas vezes as pessoas têm uma experiência muito abaixo do que poderiam ter, pois não se preparam.

Vamos ao trabalho. Quando você marcar sua próxima reunião ou café de negócios vá preparado com:

> Seu objetivo claro.
> Qual foco do assunto que irá tratar.
> Qual tempo máximo de duração.
> Evite distrações e foco no objetivo.
> Saia com um próximo passo.
> Defina como pode gerar valor para outra pessoa ainda nesse café.
> Faça follow up com a pessoa. Envie um email agradecendo e informando os próximos passos.

O primeiro e último item são cruciais para um café produtivo e gerador de resultados.

O que Você Precisa Aprender Agora

O Vale do Silício é mais que um lugar repleto de inovações e negócios.

É onde as coisas acontecem.

Volte e leia a frase acima.

"Onde as coisas acontecem"

Agora te pergunto, é fácil fazer as coisas acontecerem? E em um nível global?

Pois é... para as coisas acontecerem é preciso de pessoas que façam acontecer.

Nas últimas páginas mostrei um pouco do comportamento e pensamento dessas pessoas.

Tem uma frase que diz: "A melhor estratégia com as pessoas erradas não dará certo".

A pergunta é, você está pensando e agindo como a pessoa certa para sua estratégia?

O que você precisa aprender agora é que o aprendizado não tem fim. As coisas mudam, mas acima de tudo, as pessoas mudam!

Um comportamento novo de seu cliente pode destruir seu modelo de negócio.

A Nokia, por alguns anos foi líder de mercado de celulares. Quando surgiu o Iphone não deram bola. Aliás, muitos criticaram dizendo: "Quem irá querer um telefone sem teclas?".

Bom, você sabe o resto da história.

Todas as grandes empresas têm um pé no Vale do Silício. Sabe por quê? Para ficarem perto de onde a inovação acontece. Para verem quando a disrupção acontece e se anteciparem para não verem seus modelos de negócios virarem pó.

E como tudo isso acontece? Vamos falar mais no próximo capítulo. Vem comigo...

Os Bastidores do Vale do Silício

Considerado o maior polo tecnológico do mundo o Vale do Silício é o **lugar perfeito para buscar inspiração e tendências** para seu negócio.

O Vale se tornou um ímã de talentos. Os melhores profissionais do mundo estão lá.

Em uma conferência com prefeitos dos Estados Unidos, onde o objetivo era discutir como eles poderiam atrair mais empresas para suas cidades, eles convidaram o fundador do Wework, Adam Neumann, para ser um dos palestrantes.

Reflita comigo, qual é o plano normal das prefeituras para atrair grandes empresas? A prefeitura oferece terrenos, redução de impostos e tentam convencer as empresas com um plano de desenvolvimento.

Adam sugere um novo plano, veja abaixo.

Adam disse para todos os prefeitos que eles não deveriam ser apenas os CEOs de suas cidades, mas principalmente os donos da marca de seus municípios.

Ele explica. Você precisa cuidar da imagem da sua cidade. Deixar ela atrativa para nova geração. Fazer com que a cultura, entretenimento e o ambiente se conectem com eles.

Quando isso acontece a cidade começa a ser bem vista e comentada. Os jovens começam a se mudar para lá. Com isso a cidade vira um reduto de novos talentos.

Quando as empresas pensarem em onde devem abrir seus escritórios essa cidade será o primeiro lugar da lista.

Podemos resumir a estratégia do Adam com aquela frase: "Não corra atrás das borboletas, cuide do seu jardim que elas virão até você."

Nas próximas páginas quero compartilhar alguns pontos chaves dos bastidores do Vale.

Preciso que fique bem atento, ok?

O que é o Vale do Silício

No começo desse livro apresentei alguns fatos históricos para você entender um pouco da cultura empreendedora do local que vem antes, do próprio Vale ter surgido.

Lembra, disso? Se não lembra, volte lá no início.

Agora, quero mostrar para você caro leitor os 3 pilares que fazem do Vale a potência que é hoje.

Os 3 pilares são:

1- Ambiente Acadêmico
2- Empreendedores
3- Investidores

No Vale existem duas universidades que se destacam e estão entre as melhores dos EUA, Stanford e Berkeley.

Lá eles estimulam o empreendedorismo. Inclusive, os professores que orientam os alunos chegam a ter participações nos projetos.

Não é à toa que empresas como eBay, Google, Instagram, Netflix, Nike, Yahoo e Tesla, tiveram a ajuda de alunos, ex-alunos e do corpo docente de Stanford em sua fundação.

Não sei se você sabia, Berkeley possui 104 prêmios Nobel e descobriram 16 elementos da tabela periódica.

Lembro de uma ocasião que me marcou muito. Estávamos fazendo uma visita a UC Berkeley e conversando com um professor ele relatou uma situação que acontece lá.

Ele e outros professores estavam em uma reunião com o reitor, na qual este apresentava o orçamento anual, o que ele iria fazer para conseguir levantar essa verba, quais eram os planos de expansão e o que ele esperava de cada professor.

Confesso que fiquei pasmo. Um reitor de universidade tinha um alinhamento com sua equipe muito maior do que muitos empresários que conheço.

Não é raro em minhas mentorias perguntar ao empresário se ele tem clareza das suas metas e se seu time está alinhado com elas, e receber como resposta uma cara de espanto.

Fica uma reflexão caro leitor. Sua equipe sabe por que ela faz o que faz todos os dias? Tem clareza para onde estão indo? Isso é um ponto crucial e vamos ver mais para frente.

Além dessas duas universidades renomadas, existem outras instituições de ensino inovadoras que atraem talentos do mundo todo. Algumas delas nem professor possui, os alunos recebem tarefas e missões e são estimulados a aprenderem uns com os outros gerando resultados concretos.

Vamos para o pilar 2. Empreendedores.

Esse é o DNA do Vale. As universidades estimulam isso. Os eventos que acontecem lá, desde convenções a meetups fortalecem esse comportamento e mindset.

A região atrai empreendedores do mundo todo pelos motivos que citei acima. Mas não é qualquer tipo de empreendedor.

Empreendedores com visão global, que querem impactar e deixar um legado para o mundo sabem que precisam ir para lá.

E isso fortalece o pilar 3. Investidores.

No Vale, dinheiro não é uma barreira. Os maiores fundos e investidores do mundo têm atuação lá.
Dizem que mais de 80% do investimento em tecnologia do EUA está naquela região.

Além disso, a maioria dos empreendedores que têm sucesso e acabam vendendo suas empresas viram investidores anjos o que continua a fortalecer todo o ecossistema do Vale.

Acho importante ter clareza desses pilares para que o leitor entenda um pouco do dia a dia desse lugar.

Não sei em que momento encontra sua empresa. Não sei se você está consolidado ou buscando se reinventar para não ser a próxima Kodak, ou se está em pleno crescimento e quer encontrar modelos de gestão e formas de expandir seus negócios.

Pode ser que você esteja começando ou pensando em abrir um negócio e busca inspiração e ideias para ir mais longe.

Não tem como eu saber, mas uma coisa eu sei. Esse quebra-cabeça que estamos montando juntos, pode ser a diferença entre você atingir sua meta ou não.

Acabamos de colocar mais uma peça, segure firme que aos poucos a imagem vai ficando mais clara.

Agora vamos entrar em um ponto que todos os pilares que citei têm em comum.

O que é Pensar Global

O que eu vou te mostrar agora é um dos elementos mais importantes para você compreender os bastidores do Vale do Silício, e quem sabe vivenciar isso na sua vida e projetos.

Com o que vou te explicar você pode se beneficiar da seguinte maneira:

1 - Te tirar da zona de conforto.
2 - Abrir horizontes não explorados.
3 - Se antecipar para desafios antes que o mercado faça isso por você.

4 - Ter um olhar diferente sobre as mesmas coisas.

As universidades, empreendedores e investidores no Vale têm algo em comum. Eles querem mudar e impactar o mundo.

Eles começam pequenos, mas pensam grande.

Uma coisa que sempre faço quando vou para o Vale é montar minha agenda de eventos. É incrível o acesso que você tem nestes locais.

Em um desses eventos um dos apresentadores, CEO de um fundo gigante de investimentos, falava sobre os empreendedores no Brasil e uma fala dele me chamou atenção. Ele disse "Pensar em vender para todo o Brasil é pensar pequeno".

As startups que visito lá, todas sem exceção pensam global. Começam atuando em uma região, mas já com foco no mundo. O primeiro site delas já é criado em vários idiomas.

Você já parou para pensar o que te impede de vender não só na sua região, mas para o estado todo? Não só para alguns estados, mas para o Brasil todo? Não só para o Brasil, mas para a América Latina?

Talvez o seu modelo de negócio não comporte isso, mas o que você precisa para criar um novo modelo de negócio?

Se você se sentiu incomodado com esta pergunta, ótimo. Esse é o primeiro passo para mudar.

Lembro de uma ocasião, conversando com um empreendedor do Vale. O negócio dele já tinha mais de cinco anos e já tinham levantado mais de 6 milhões de dólares em investimento.

Ele comentou que no começo da empresa eles conseguiram passar em um processo seletivo de uma das maiores aceleradoras do Vale, a Y Combinator.

A Y Combinator é muito disputada e são pouquíssimos empreendedores que conseguem uma vaga lá.

Lá eles têm três meses para validar o negócio. O interessante é que não há apego pela ideia. Pelo contrário, eles já sabem que a ideia vai falhar, por isso eles aceleram esse processo para encontrar o caminho ideal o mais rápido possível.

Basicamente, validar a ideia significa que ou você conseguiu atrair clientes pagantes ou conseguiu investidores.

Na aceleradora eles oferecem todos os recursos para você literalmente acelerar seu negócio. Desde mentores, acesso a networking, ferramentas, tudo que você precisar.

Voltando a história, esse empreendedor contava para mim que teve uma semana que ao final do dia o mentor deles perguntava: "O que falta para vocês serem o próximo Google? "

E o silêncio pairava no ar.

Imagine a cena. Você, rodeado dos melhores empreendedores do mundo e do nada recebe essa pergunta.

O que você responderia?

Fica um desafio, nos próximos dias se faça essa pergunta e deixe sua mente fluir.

Algumas pessoas vão achar que você está ficando doido, mas veja, talvez você não se torne global, mas garanto que irá chegar muito mais longe do que imagina.

Ou você começa a pensar global ou seu negócio já nasce limitado. Como diria Ford, se você pensa que pode ou pensa que não pode, nos dois casos você está certo.

Não Existe Fracasso

Uma pergunta comum de se ouvir de investidores e dos próprios empreendedores lá é: Quais foram seus fracassos? Já quebrou quantas empresas?

Diferente do Brasil, onde o fracasso é visto como algo que denigre sua imagem e muitas vezes temos vergonha de contar, lá ele é valorizado.

Raro um investidor colocar dinheiro em uma empresa onde os fundadores não tiveram nenhum fracasso.

A história empreendedora de cada um do time conta.

Reflita comigo, qual é o oposto do sucesso?

Muitas pessoas pensam que é o fracasso. Mas não, o fracasso faz parte do sucesso, é um indicador que da forma que você fez não funciona e que você terá que buscar outros caminhos.

A metodologia de validação de negócios Lean Startup é utilizada por todas as empresas no Vale. A premissa é, falhe rápido, mas tenha sucesso mais rápido ainda.

A ideia é colocar o mais rápido possível sua ideia em contato com o mercado e nesse processo aprender o que o mercado realmente quer e precisa. O cliente como centro e não o seu produto.

Por isso errar é algo que é buscado no Vale. Erre todos os dias, mas erre com coisas novas, aprenda e evolua.

Quantas ideias não morrem no papel por medo do fracasso.

O oposto do sucesso é desistir!

Qual é o Custo que Importa?

Em uma imersão em Israel, conversando com um empreendedor, ouvi algo muito interessante.

Não sei se você sabia, mas Israel é considerado o maior hub de inovação do mundo. Todas as grandes corporações têm escritórios lá. Israel tem sido chamada de a nação das startups, mas esse não é o foco deste livro. Você pode ler mais sobre Israel no meu livro "Missão em Israel".

O que o empreendedor de Israel disse e me chamou atenção é algo que vejo muito no Vale e inclusive o CEO da Vivino também disse algo parecido, em um evento que aconteceu no Google. Ele disse "O único custo que importa é custo da oportunidade""

O custo da oportunidade vem da relação entre escassez e escolha. Você pode escolher ler um livro que vai ajudar em sua meta ou maratonar a Netflix. Qual vai trazer mais benefícios para você?

Agora no contexto do Vale, isso significa que os investidores e empreendedores estão dispostos a pagar o preço necessário para transformar o mundo.

É comum encontrar com um empreendedor que passou um ano morando em seu carro enquanto iniciava seu negócio.

Como investidores colocarem fortunas em negócios que irão levar anos para começar a atingir o ponto de equilíbrio.

O Google investe bilhões por ano em vários projetos revolucionários, muitos nem foram divulgados ainda.

Como esses empreendedores conseguem suportar todas essas dificuldades e seguir em frente? Por que mesmo depois de passarem por tudo isso, conseguirem o sucesso e com dinheiro suficiente para nunca mais trabalharem, eles se envolvem em outros projetos e trabalham ainda mais?

Se fosse só para trocar tempo por dinheiro, por dividendos, por lucro, o Vale não seria o que é.

Quando você tem a clareza do "por quê" o "como" fica fácil.

Minha intenção não é romantizar o tema, e é lógico que os investidores e os VCs (Venture Capital) querem ROI (Retorno do Investimento), mas eles nunca colocam seu dinheiro em um empreendedor morno, sem paixão e visão de impactar o mundo.

Trago essa reflexão para ajudar você caro leitor a pensar o porquê você faz o que faz todos os dias? Por que você levanta da cama todas as manhãs?

Vejo muitos negócios sem clareza de sua missão.

"Ah Pedro, eu faço isso para pagar as contas, os boletos não esperam".

Concordo, mas que tal adicionar um ingrediente nesse processo. O seu Sonho!

Sabe, você pode fracassar por muitos anos em busca do seu sonho e as coisas não darem certo. Mas, se você se acomodar fazendo algo que não gosta desde o princípio, você concorda que já deu tudo errado. (Leia essa frase novamente).

Faz sentido para você?

No próximo capítulo vou me aprofundar mais em dicas práticas para tropicalizar a cultura e o comportamento do Vale do Silício para seu negócio.

Está comigo?

Os 5 Pilares dos Negócios no Vale do Silício

"O maior risco é não assumir nenhum risco" – Mark Zuckerberg, fundador do Facebook.

Chegamos na parte que considero o ponto alto deste livro. Até aqui vimos um pouco da parte invisível que acontece no Vale e permeia o dia a dia dos empreendedores e profissionais daquela região.

Agora vamos ter uma visão dos pilares que sustentam os resultados expressivos produzidos lá.

Preparado? Preparada? Então vamos lá...

Em minhas centenas de visitas nas mais diversas empresas do Vale, desde startups, universidades, fundos de investimentos e empresas globais percebi que existem alguns pilares que elas têm em comum.

Separei os cinco pilares que acredito que podem ajudar você de uma forma prática e objetiva.

Os 20% que podem gerar mais de 80% de resultado para você.

Nas próximas páginas vou mostrar como acontece lá e ideias para você tropicalizar o uso no seu dia a dia.

Preciso que preste muita atenção e fique atento aos detalhes. Recomendo que leia mais de uma vez.

Alguns desses pilares eu já tinha visto desde a minha primeira viagem ao Vale, mas só depois de algum tempo e outras visitas que as fichas começaram a cair.

Sabe, às vezes, acreditamos que precisamos de algo espetacular, algo grandioso, uma mudança gigante para que as coisas aconteçam, mas na maioria das vezes são os pequenos detalhes que viram o jogo.

Gosto muito dessa metáfora, se você já foi em alguma palestra minha talvez já tenha ouvido.

Uma vez um homem estava sendo perseguido por vários malfeitores que queriam matá-lo.

O homem, correndo, virou em um atalho que saía da estrada e entrava pelo meio do mato e, no desespero, elevou uma oração a Deus da seguinte maneira:

"Deus Todo Poderoso fazei com que seus anjos venham do céu e tapem a entrada da trilha para que os bandidos não me matem!!!"

Nesse momento escutou que os homens se aproximavam da trilha onde ele se escondia e viu que na entrada da trilha apareceu uma minúscula aranha.

A aranha começou a tecer uma teia na entrada da trilha.

O homem se pôs a fazer outra oração cada vez mais angustiado:

- "Senhor, eu vos pedi anjos, não uma aranha."

- "Senhor, por favor, com tua mão poderosa coloca um muro forte na entrada desta trilha, para que os homens não possam entrar e me matar..."

Abriu os olhos esperando ver um muro tapando a entrada e viu apenas a aranha tecendo a teia.

Estavam os malfeitores entrando na trilha, na qual ele se encontrava esperando apenas a morte.

Quando passaram em frente da trilha o homem escutou:

- "Vamos, entremos nesta trilha!"

- "Não, não está vendo que tem até teia de aranha!? Nada entrou por aqui.

- Vamos continuar procurando nas outras trilhas".

Gosto dela, pois me faz refletir que muitas vezes buscamos exércitos de anjos ou muralhas acreditando ser isso que vai mudar nossa realidade e não percebemos que uma pequena aranha pode ser a resposta para sua busca.

Atenção aos detalhes, as pequenas coisas que poucas pessoas conseguem ver.

Nos quebra cabeças as peças são do mesmo tamanho, não tem uma peça que cubra metade da imagem, mas tem aquela que quando você coloca aumenta muito sua clareza da imagem final.

Treine sua mente para encontrar as peças do quebra cabeça da sua vida, do seu negócio!

Visão

"Por mais brilhante que uma ação possa ser, ela não deve ser tida como grande se não é resultado de um grande propósito." — François de la Rochefoucauld

Quero que pare por um momento e pense em alguma realização sua.

Essa mesmo, essa primeira que veio em sua mente.

Volte no tempo, lembre-se como foi. Agora volte um pouco antes dela acontecer. O que você pensava, o que você buscava, o que estava sentindo?

Você já conseguia ver o esboço dela em sua mente?

Eu posso apostar que sim. Talvez tenha sido muito maior do que você imaginou, mas antes de se tornar realidade material você já tinha visto uma prévia em sua mente.

Fiz essa introdução para apresentar como esse conceito da visualização está presente em nossas vidas. Mais do que a gente imagina.

Quando Mark Zuckerberg entendeu o potencial do Facebook ele já tinha a visão que ele seria a maior rede de relacionamento do mundo.

Meu convite aqui é instigar você a exercitar a sua visão para seu negócio ou carreira.

Repare que eu usei a palavra "exercitar". Pois não é algo que acontece de forma espontânea. Todas as grandes ideias vêm de uma busca interior.

Lembra que citei como o fundador da Salesforce teve a ideia de criar a empresa? A visão já estava clara, ser o maior software de CRM (Customer Relationship Management é um termo em inglês que pode ser traduzido para a língua portuguesa como Gestão de Relacionamento com o Cliente) de vendas nas nuvens.

Gosto muito de uma frase do Tony Robbins " Você não pode criar grandes coisas com expectativas pequenas".

A visão além de dar clareza para onde seu negócio está indo ela também alinha as expectativas com toda sua equipe e mercado.

Dizem que a diferença entre uma pessoa de sucesso e uma de muito sucesso é a quantidade de "nãos" que ela diz.

Mas como saber para o que dizer não? Simples, para tudo que não está alinhado com sua visão.

As empresas no Vale são muito focadas, e elas têm clareza para onde querem ir. Mais do que isso, elas conseguem comunicar essa clareza com todo seu time.

Se eu conversar com alguém de sua empresa hoje, essa pessoa saberia me dizer a história de seu negócio? O porquê de ele existir? E como ele faz parte disso?

Ou ele apenas acha que está trabalhando para dar mais dinheiro ao patrão?

A ideia aqui não é me aprofundar em como criar uma visão, existem vários blogs que ensinam isso. O foco é trazer luz para essa questão que muitas vezes vejo sendo negligenciada.

Isso tem que fazer parte da cultura da sua empresa ou da sua carreira. Sim, isso não é só para empresas.

Conheci vários empreendedores e profissionais que mudaram o rumo dos seus negócios quando entenderam isso.

Conheci uma empreendedora que está tendo muito sucesso com mercado imobiliário no EUA, mas em determinado momento ela percebeu que aquilo não estava alinhado com a visão que ela tinha para vida dela.

Ela começou a pesquisar e estudar sobre investimentos em startups e mudou completamente a carreira dela. Hoje ela investe em startups que tenha ligação à área da saúde, as health techs.

Captou a essência? Qual é a sua visão?

Para realizar uma grande visão você precisa de pessoas, e pessoas certas.

E é sobre isso que eu quero falar com você agora.

A Regra VCL

"Não tente se tornar uma pessoa de sucesso, prefira tentar se tornar uma pessoa de valor." - Albert Einstein

Tem um ditado popular que diz: "Sozinho você não faz nada, nem corno você consegue ser".

Brincadeiras a parte, o networking é uma prática levada extremamente a sério no Vale.

Networking é construir e cuidar da sua rede de contatos profissionais.

Como próprio nome diz: Net/Working, trabalhar a rede. Ou seja, é algo que dá trabalho, que exige uma metodologia e consistência.

Não é algo que acontece.

Estudos mostram que você é a média das 5 pessoas que você mais convive.

Seria um pouco ilógico, você tendo essa informação, deixar seu ciclo de relacionamentos acontecer ao acaso, concorda?

Mas na maioria das vezes é isso que acontece.

Quer ver algo ainda mais interessante? Em minhas mentorias com empresários, não é raro quando estamos estruturando o processo de vendas eu perguntar de onde vem a maior parte de suas vendas e ouvir: "indicações".

Digo, Ok, então 80% das suas vendas vem de indicações. Legal, agora me conta o que você faz ativamente, toda semana para estimular e cultivar essas indicações. Sabe qual resposta recebo? Uma cara de espanto e um silêncio reflexivo. Pois não fazem nada, apenas esperam acontecer.

Até o dia que não acontece, e aí vem a crise em vendas.

Por isso a importância de ter múltiplos canais de vendas, mas esse é tema de um outro livro meu, onde trato os pontos cegos das vendas.

Ok Pedro, mas o que essa regra VCL tem a ver com isso?

Vamos lá, VCL é acrônimo para:

Visibilidade
Credibilidade
Lucratividade

A regra é a seguinte, quando falamos em networking que gera resultado precisamos seguir essas etapas.

Primeiro, você gera visibilidade pessoal, pode ser fazendo uma palestra, um vídeo, um texto, um livro, sendo apresentado por alguém que tenha referência ou por você mesmo.

Depois você começa a gerar credibilidade, mostrando os trabalhos que já fez, ajudando as pessoas de alguma forma. Ou seja, gerar algum valor para as pessoas. Aqui leva um tempo, não é do dia para noite.

Então vem a tão sonhada lucratividade, onde você fecha uma venda ou uma parceria.

Peço que se lembre de um último evento que participou e teve a oportunidade de fazer networking. Lembrou?

Tente lembrar se você percorreu essas etapas?

Acho difícil, o que mais vemos são profissionais pulando da etapa um para a última. As vezes nem fizeram a número 1 direito.

Lembro que costumava participar de rodadas de negócios, onde todos trocavam cartão com todo mundo. Após o evento saía com um bolo de cartão que nunca iria usar e ainda recebia um monte de emails tentando me vender algo que eu não tinha interesse.

No Vale o networking é muito focado e estimulado.

Todos os dias acontecem dezenas de eventos dos mais variados tipos. Sobre linguagens específicas de programação, marketing, vendas, investimentos até sobre fracassos. Sim, tem eventos para você contar os fracassos que teve e todos aprendem com isso.

O principal objetivo desses eventos é conectar as pessoas. Eles geralmente são divididos em 3 blocos. networking, conteúdo e networking. Na maioria das vezes regado a beer and pizza, pizza e cerveja.

Ah, Pedro, isso aí é festa, como fazer negócios nessa bagunça?

Lembra que comentei do foco? As pessoas que vão nesses eventos, chamados meetups, tem um objetivo claro. Cada evento está em sua agenda de trabalho, não de happy hour.

Conversei uma vez com um empreendedor que estava representando um braço de inovação (spin-off) de uma grande empresa do Brasil.

Ele me contou que quando chegou lá, ele e a outra pessoa que estava com ele, montaram uma agenda de networking para os próximos trinta dias. Cada um iria em um evento diferente e com meta de falar com dez pessoas no mínimo.

Quando ele chegou em San Francisco acreditava que o modelo de negócio dele era único. Já nos primeiros dias eles descobriram que já tinha cerca de dez empresas fazendo aquilo.

Resumindo, em 30 dias, mais de 60 eventos, e centenas de conversas eles deram uma nova cara para a spin-off, lançaram ela no mercado e já estavam com grandes contas como clientes.

Mas Pedro, qual é a mágica desses eventos? Você pode estar se perguntando.

Além da regra VCL tem um ingrediente muito importante e muito poderoso.

Eles compartilham ideias, sucessos e fracassos.

É muito comum você estar em um evento e ver profissionais do Google e Facebook conversando sobre desafios que estão passando e um ajudando o outro.

Vejo algo muito diferente no Brasil. As pessoas têm medo de contar suas ideias com medo de alguém roubar.

No Vale do Silício você cansa de ouvir que sua ideia não vale nada. O que vale é a sua capacidade de execução.

No dia a dia é difícil encontrar pessoas realmente dispostas a ajudar, a abrir os bastidores e dar uma orientação de valor. Lá isso é rotina.

Lembra do "C" da regra? Gerar valor faz parte dele.

Vamos voltar um pouco na história que comentei. E se eles tivessem medo de contar sua ideia? E se eles não tivessem exposto o plano deles nesses eventos? Será que a história teria o mesmo fim?

Sei que pode soar estranho, mas é uma mudança de mindset.

No Brasil vários empreendedores e eventos já estão utilizando esse modelo.

Os Hackathons são um exemplo disso.

Os hackathons são, basicamente, desafios de programação disputados por time multidisciplinares (formadas por desenvolvedores, designers e curiosos) com o objetivo de criar soluções para um problema em tempo recorde.

Os desafios mudam a cada hackathon, tudo depende do objetivo do organizador e do que ele deseja retirar da experiência em si.

Hackathons não só fomentam a criação de novas ideias, como também estreitam relações entre participantes e marcas, atraem novos talentos e motivam os funcionários atuais.

O Facebook, por exemplo, organiza hackathons há mais de dez anos como forma de promover integração entre os membros de seu time.

No Vale do Silício e EUA esse tipo de evento é muito comum nas universidades e escolas.

Segundo Mark Zuckerberg: "A essência de uma hackathon é o fato de que grandes ideias podem vir de qualquer lugar, não precisa ser alguém que está administrando uma empresa [...]"

No Brasil este movimento ganhou força nos últimos anos. Caso queira saber mais como realizar um hackathon me mande uma mensagem no Instagram ou por email.

Por que eu trouxe esse exemplo? Para te inspirar.

É um tipo de evento que você pode realizar em sua empresa ou com um grupo de conhecidos, onde além de terem um objetivo em comum terão a oportunidade de gerar valor um para o outro e ainda praticar networking.

Esse é um tema que estudo e pratico há anos, daria para escrever um livro só sobre isso, quem sabe eu escreva. Vamos em frente.

"Daqui a cinco anos você estará bem próximo de ser a mesma pessoa que é hoje, exceto por duas coisas: os livros que irá ler e as pessoas que irá conhecer." - Charles Jones

Quero finalizar essa parte com uma tarefa. Topa?

> Crie sua agenda de networking mensal (eventos presenciais ou online).

> Liste as 5 pessoas que você quer se aproximar esse ano.
Como posso gerar valor para elas.
Crie um plano para fazer networking com elas.

> Liste seus principais contatos hoje.
Quando foi a última vez que falou com eles?
Como pode gerar valor para eles ainda essa semana?
Mande uma mensagem hoje para eles.

Acompanhe isso semanalmente.

Vamos avançar para o próximo tema. Peço muito atenção sua para entender como os pontos se conectam.

Seu Principal Ativo

"Quer vender água com açúcar para o resto da vida... ou quer fazer História?" — Steve Jobs convencendo John Sculley a deixar a Pepsi.

Qual é o principal ativo de um negócio?

Uma vez em Israel ouvi de um empresário bilionário a seguinte frase: "O único ativo que faz a empresa valer trilhões são as pessoas que estão no seu time."

Se estivéssemos juntos, tomando um café, e você me perguntasse:"Pedro, o que mais te chama atenção no Vale do Silício?".

Talvez você ficaria surpreso com a resposta.

Não é a inovação, a tecnologia ou a arquitetura dos escritórios. O que mais me chama atenção a cada empresa que visito é a forma que as empresas olham, tratam e se preocupam com seu time.

Employee Experience! Você já viu esse termo antes?

Muito tem se falado em experiência do usuário. Como é a experiência do seu cliente em relação a sua empresa e seus produtos e serviços.

Várias metodologias foram criadas para aprimorar essa experiência e aumentar o LTV (valor do cliente no ciclo de vida) e diminuir o Churn (cancelamento).

Resumindo, a ideia é manter o cliente o máximo de tempo possível comprando da sua empresa. Ou seja, cuidar muito bem do cliente para que ele não vá embora.

Isso é fundamental para a sobrevivência e crescimento de qualquer negócio, mas me responda. E o principal ativo da empresa, quem está cuidando?

Quem cria a inovações? Quem cuida do atendimento? Quem faz as vendas? Quem se relaciona com os clientes, fornecedores e parceiros? Quem prevê as tendências?

Foi aí que as empresas no Vale perceberam (não foram os primeiros, mas sim os que mais inovaram nessa questão) que tão importante quanto a experiência do usuário é a experiência dos colaboradores.

Um dos principais desafios das empresas, hoje, é encontrar e reter talentos. Potencialize isso por 100 e você terá uma ideia de como as empresas no Vale vivem essa questão.

Os melhores profissionais do mundo estão lá e com centenas de empresas globais disputando seu passe.

Employee Experience não são apenas benefícios para o colaborador. Mas é uma jornada de experiências que inicia desde o processo seletivo, contratação, onboarding, treinamentos, liderança, autonomia, crescimento na carreira até o processo de demissão ou recolocação.

Desde coisas simples até as mais complexas.

Sabe aquela cena do funcionário chegando para trabalhar e não saber o que ele precisa fazer, nem ter um computador para ele. As vezes passa o dia todo sozinho e perdido na empresa.

Pois é, isso é mais comum do que imaginamos.

Muitas empresas no Vale ofereceram academia, sala de meditação, local para os pets, cozinha com tudo que você imaginar e muito mais.

Vou compartilhar algumas curiosidades com você. Posso?

As experiências são muitas, mas pensei aqui em algumas empresas que chamaram muito a minha atenção.

A sede do Google fica em Mountain View, cerca de 60 km de San Francisco. Lá, fica aquele prédio que aparece nos filmes. Inclusive, neste momento eles estão construindo uma nova sede, gigante. O maior painel solar do mundo. Atualmente tem mais de 24 mil funcionários.

Depois pesquisa no Google para ver como vai ficar. A última vez que fui lá toda estrutura já estava pronta e já fiquei espantado.

No começo do livro comentei que muitas pessoas não querem mais morar no Vale, pois não tem vida noturna e preferem morar em San Francisco.

Com isso empresas como Google e Facebook, ouvindo seu time criaram algumas ações.

Além da sede do Google eles possuem vários escritórios em prédios comerciais em San Francisco, todos seguem o mesmo padrão que já irei comentar.

Além disso, a empresa oferece um ônibus muito confortável e com WiFi. Como o trânsito lá é intenso, as vezes pode levar mais de 1h30 para chegar. Eles já vão trabalhando no ônibus.

Em cada andar ou bloco de escritório possui uma minicozinha, com castanhas, água, suco, vários tipos de café, muitas frutas, e todo tipo de snacks que imaginar. Eles têm uma regra que o colaborador não pode estar a mais de 100 passos de distância de um ponto de alimentação.

Além disso, eles oferecem um restaurante próprio. Com um chef e nutricionista. Lembra que comentei que lá trabalham pessoas do mundo todo? Eles fazem receitas do mundo todo, mas sempre ouvindo sugestões do time.

Sempre que vou para lá dou um jeito de visitar amigos que trabalham lá para almoçar em um desses restaurantes. É uma experiência única.

Além dos restaurantes, têm cafeterias também. Com barista e tudo. Você pode ir ao meu Instagram (@pedro_gadelha) e nos favoritos ver alguns stories que deixei salvo.

O Google também oferece lavanderia, local para seu pet, barbearia, academia, piscinas e muito mais.

Toda vez que visito eles têm alguém treinando em uma das piscinas ou jogando vôlei de areia.

No Googleplex, sede do Google, os escritórios ficam distantes uns dos outros. muito grande. Por isso eles disponibilizam alguns serviços de transporte interno.

Bikes, você já deve ter visto fotos delas pela internet. E sim, as pessoas usam muito para ir de um prédio para outro. Carros elétricos e até um uber próprio deles.

Um lugar que gosto muito também é o LinkedIn. A sede deles fica em San Francisco. O prédio deles é lindo.

Eles têm uma academia de última geração, além de aulas de boxe, yoga, dança entre outras. Umas de suas áreas de café tem uma vista linda de San Francisco.

Lá algumas salas de reunião têm mesa de ping pong.

Conversando com um diretor de vendas deles em uma visita perguntei se alguém realmente usava aquela mesa. Ele me respondeu que as melhores reuniões 1 a 1 são ali. Disse que durante o jogo a pessoa desarma e se solta mais.

Além disso, reuniões caminhando são muito comuns e eficientes.

A flexibilidade de horário é algo que funciona bem lá. Ele comentou que às vezes vai agendar uma reunião e a pessoa diz, "essa hora tenho aula de boxe", e mudam o horário. Alguns chegam mais cedo e quando é 15h já está saindo para ir velejar.

Claro, todos têm clareza de suas responsabilidades e metas. Nada é solto.

Na Cloudflare, empresa de segurança para sites, existe um auditório lindo. Eles estimulam as pessoas a realizarem eventos. Na cozinha deles tem uma geladeira repleta de cervejas e vinhos. Isso aproxima a empresa da comunidade.

Lá o home office é muito comum. No Google toda sexta-feira é dia do home office. Nas vezes em que fui de sexta foi engraçado, ver os escritórios quase vazios.

Na Salesforce vi várias mesas que com um botão, elas sobem e você consegue trabalhar de pé. Estudos mostram que isso aumenta a produtividade.

Uma mesa curiosa que vi lá foi a walking desk. Uma mesa com uma esteira. Isso mesmo, você trabalha caminhando.

Um amigo me contou a experiência que teve na Salesforce quando seu filho nasceu. A empresa deu seis meses para ele de licença paternidade. Ele nem acreditou. Foi contar para sua esposa, que trabalha no Twitter, porém ela ficou brava. Meu amigo não entendeu nada, foi quando sua esposa contou que, ela que era a mãe, só teria 4 meses de licença. Ri muito.

Talvez, você agora esteja caindo na armadilha que citei no começo do livro. Pensando. "Ei Pedro, isso aí não funciona no meu país. Muito menos na minha empresa". Isso é utópico.

Meu time nunca iria respeitar, a legislação não permite, vou arrumar mais dor de cabeça.

Quero que você pare, respire profundamente. Isso, muito bem.

Veja, trouxe algumas situações aqui para você ver os bastidores do que acontece lá. Lembra da palavra tropicalizar?

Sei que muitas coisas que citei não são viáveis no curto prazo. Entendo também que muito tem a ver com a maturidade do seu time. E isso se constrói com o tempo e com estímulos.

A pergunta que você precisa fazer é:"Como eu quero minha empresa daqui um ano, cinco e dez anos?"

Muitas empresas no Brasil já adotam práticas muito parecidas e estão indo muito bem.

Uma que recomendo você visitar é a Eduzz, plataforma de venda de infoprodutos. Além de ter todo esse cuidado com o time, eles criaram projetos para ajudar as comunidades carentes que ficam no entorno da empresa.

Que iniciativas você pode tomar hoje em sua empresa?

Seu processo de onboarding está funcionando?
Seu time tem treinamento com frequência?
Você reconhece o tempo de casa de cada um? Já pensou em dar uma placa comemorando 1 ano de empresa?

As vezes ficamos pensando no grande que não conseguimos fazer e ignoramos o básico que pode fazer a diferença.

Começar iniciativas como essa é uma forma de descobrir, formar e reter talentos dentro da sua empresa.

Pode ajudar os funcionários a perceberem o seu potencial e entenderem o seu papel como algo fundamental e parte de uma visão maior.

Isso começa a gerar uma percepção positiva e a melhorar a imagem da sua empresa. Isso é chamado de employer branding.

Algumas informações importantes que você precisa saber:

-A reputação negativa de uma empresa pode custar pelo menos 10% a mais por contratação.
(Harvard Business Review)

-O investimento em employer branding pode reduzir em 28% a rotatividade de colaboradores.
(Office Vibe)

-86% dos profissionais de RH dizem que o recrutamento está se tornando, cada vez mais semelhante ao marketing.
(iCIMS)

-49% dos empregadores acreditam que não possuem as ferramentas para aprimorar efetivamente o seu employer branding.
(CareerArc)

Não sei que reflexões essas informações trouxeram para vocês, mas desejo muito que possa gerar pelo menos uma ação efetiva em seus negócios.

Quero encerrar essa parte com uma frase que gosto e uso muito, acredito que ela resume tudo que escrevi aqui.

"Você não constrói uma empresa, você constrói um time e o time constrói a empresa." - Zig Ziglar

Como Fazer Negócios no Vale do Silício

"Uma questão comum que é perguntada nos negócios é 'Por quê?'. Essa é uma boa pergunta, mas uma resposta igualmente válida é 'Por que não?'" – Jeff Bezos, CEO e fundador da Amazon.

Em algum momento desse livro você se fez essa pergunta? Como fazer negócios no Vale do Silício?

Quando iniciamos nossas imersões de negócio no Vale do Silício ou em Israel eu sempre pergunto para os grupos qual a expectativa deles, o que vieram buscar, porque saíram de suas casas, seu trabalho para ficar uma semana inteira longe de sua família.

Muitos falam de inovação, de novos aprendizados, de conhecer algumas empresas, de abrir a mente para novas ideias, mas poucos, muitos poucos dizem que é para fazer negócios.

Depois de um tempo comecei a entender. Isso pode parecer distante. Afinal, montar uma empresa em outro país, com língua e costumes diferentes. No mercado mais competitivo do mundo e em uma das cidades mais caras do mundo.

Mas a verdade é que existem muitos caminhos e nossa mente é traiçoeira. Ela pega um, o mais conhecido, e pinta como se fosse a única realidade.

Agora quero mostrar para você algumas formas que você pode utilizar o Vale para fazer negócios ou potencializar o seu.

Está pronto? Está pronta?

Joint Ventures e Parcerias Estratégicas

Pelos mesmos motivos que citei acima muitas empresas não entram no Brasil. Na verdade, para essas empresas motivos não faltam.

Tente explicar para eles o que é boleto bancário. Parcelamento de cartão de crédito. Sem falar da nossa burocracia, legislação, direitos trabalhistas e por aí vai.

Além disso o mercado americano é enorme, depois tem Ásia, Europa e o Brasil fica mais no fim da lista.

Lembra que eu falei que nossa mente é traiçoeira. Tem duas formas de olhar o que comentei acima. Uma é pensando o quanto é difícil e cheio de problemas e a outra é como uma bela oportunidade.

Você concorda que o que eu coloquei como empecilhos acima é sua realidade, é seu dia a dia, sua rotina, seu diferencial.

Vou dar uma ideia aqui. Imagina que você tem uma empresa da área de serviços para condomínios. Você tem centenas de clientes no Brasil.

Em uma visita ao Vale do Silício você conhece uma startup que está criando uma solução para carros autônomos onde faz uma identificação facial e monitora os pedestres e carros.

Aí você começa a ligar os pontos, opa e se eu usar essa tecnologia para agilizar as portarias dos condomínios que atendo? E melhor, posso vender para todos os condomínios do Brasil e quem sabe na América Latina.

Você chama os fundadores da startup para um café, apresenta a ideia e diz que quer ser representante deles no Brasil. Pode ser em um formato de joint venture ou como parceiro estratégico.

A chance de você sair de lá com um contrato assinado é grande.

Faz sentido? Já tinha pensado nisso?

Vamos voltar um passo antes. E se você tivesse pensado assim: "Carro autônomo? Isso é viagem na maionese. Vai levar anos para chegar no Brasil, além disso, não tem nada a ver com meu negócio. Que saber, vou na Macys fazer compras".

O que teria acontecido?

Lembra que comentei sobre ligar os pontos. Está fazendo sentido agora?

Esse exemplo que citei acima costuma acontecer quando o empreendedor está com o radar ligado.

Inclusive, acho que vou tornar obrigatória a leitura desse livro para quem quiser ir às nossas imersões. O que acha?

Acesso a inovação e tendências

Algumas coisas só acontecem quando você está imerso no ambiente.

Além do exemplo que citei acima, vivenciar o Vale é estar onde a inovação acontece. Onde as tendências surgem.

As maiores empresas do mundo todo têm um escritório lá. O Banco do Brasil, Banco Original, Gerdau entre outras estão lá.

Por que uma Gerdau teria um escritório lá?

Antes de responder, deixa eu explicar o que é "Escritório".

Muitas pessoas podem pensar que essas gigantes têm uma sala chique em um prédio top na área mais nobre de San Francisco. Errado.

Isso não é Vale do Silício.

Lembra do maior ativo?

O Vale acontece das interações das pessoas. Por isso os ambientes são estrategicamente criados para isso.

Lá tem um Wework a cada esquina, só perde para os Starbucks e Peets.

Sim, a Gerdau e Banco do Brasil ficam em ambientes compartilhados. E é ali que eles vivem a essência do Vale, e é ali que a inovação começa.

Se você quer saber qual é a nova tecnologia que vai impactar sua indústria nos próximos anos, adivinha aonde você tem que estar?

Você consegue encontrar escritórios compartilhados de vários segmentos. Algumas aceleradoras costumam locar espaços para empresas de fora. Ou seja, existem muitas oportunidades. Só é preciso saber buscar.

Oportunidades Ocultas

Conversando com um empresário Brasileiro que está com um escritório no Vale, ele me contou um pouco do porquê ele tinha escolhido abrir ali.

Ele era do interior e estava buscando um escritório em São Paulo, estava com vários orçamentos em mão.

Ele tinha acabado de voltar do Vale e tinha ficado encantado com o que viu. Sabia que precisava estar mais próximo de lá.

Quando pegou os orçamentos para mudar para São Paulo teve um insight, vou pesquisar quanto ficaria em San Francisco.

Nessa pesquisa descobriu que não mudaria muito no preço mais que seria infinitamente maior em VALOR.

Quando ele ia apresentar a empresa dele para potenciais clientes, dizia que a empresa tinha sede no Vale do Silício, e era verdade. O que brilha mais o olho, fazer negócios com uma empresa de São Paulo ou uma do Vale do Silício?

Essa estratégia funcionou e ele começou a fechar grandes contas no Brasil. Hoje, ele tem clientes de lá também, mas a estratégia inicial não era vender para o mercado americano, e sim para o Brasil de uma forma mais estratégica.

Mas Pedro, o aluguel lá é mais barato que e São Paulo? Não disse isso, mas existem caminhos que podem sim, deixar bem mais barato que muitos lugares do Brasil.

Quer saber como?

Apex-Brasil (Agência Brasileira de Promoção de Exportações e Investimentos) tem vários programas para apoiar empresas Brasileiras. Se você está pensando que é algo muito burocrático e difícil como outras iniciativas do governo, está enganado.

Minha empresa, a IIN Global entrou em um de seus programas e nosso escritório em San Francisco era por meio de um deles.

Se você pensa em exportar, ou quer entender mais sobre como internacionalizar seu negócio, pode me mandar uma mensagem que eu conecto você com eles. Ou pode entrar direto no site deles.

Me conta, qual dessas três formas de fazer negócios no Vale que comentei fazem mais sentido para você?

Pode ser que você ainda esteja um pouco confuso, é difícil descrever uma experiência como a imersão de negócios em palavras.

Costumo dizer que é como explicar o pôr do sol. Posso usar todos os adjetivos possíveis, mas você só irá entender mesmo o que é quando ver um.

Recomendo que leia novamente essa parte, garanto que verá algo novo.

No próximo capítulo vou falar de um tema que todas as empresas no Vale levam muito a sério. Vem comigo!

A Chave Das Gigantes

"Não deseje que seja mais fácil, deseja que você seja melhor. Não deseje menos problemas, deseje por mais habilidades. Não deseje menos desafios, deseje mais sabedoria. Para que as coisas mudem, você precisa mudar"
— Jim Rohn

Mostrei para você até aqui alguns pontos chaves das empresas do Vale, das empresas globais que já nascem com essa visão. Mas tem um ingrediente muito importante que sem ele a receita toda desanda.

Quero que você reflita comigo. Pense em quantos bons produtos você já conheceu. Em quantas boas empresas de serviço você já foi cliente. Pensou?

Todas elas ainda estão abertas ou algumas já fecharam? Talvez algumas você tenha até se espantado, como uma empresa tão boa pode ter fechado. Já aconteceu isso com você?

De nada adianta ter um ótimo serviço ou produto se ninguém, ou quase ninguém, sabe que ele existe.

Estudos do Sebrae mostram que as principais causas de mortalidade das empresas são falta de planejamento, gestão e fluxo de caixa. Eles também mostram o principal desafio no primeiro ano é formar uma carteira de clientes.

Isso é realidade no mundo todo. Se você não vender, e vender bem, você quebra.

E no começo é mais importante você vender bem do que vender muito.

Muitas empresas quebram por venderem muito. Sabia disso? Não cuidam de sua margem, nem de seu fluxo de caixa e quando percebem não têm dinheiro para pagar a operação, entram em dívidas, antecipam recebíveis e quando vão olhar seus números a fundo descobrem que o maior sócio da empresa, o que fica com a maior fatia é o banco.

Empresas que vendem bem no começo tem caixa para contratar consultorias, mentores e especialistas para ajudar na gestão. Não sei qual o estágio do seu negócio, mas se você tem empresa há mais de cinco anos sabe do que estou falando.

Esse é um tema que gosto muito. Vejo poucas empresas criando uma sinergia entre seu marketing e vendas, a maioria olha de forma separada e perdem muitas oportunidades. Mas isso é tema para um outro livro, se quiser se aprofundar um pouco mais convido a ler meu livro "O Ponto Cego das Vendas".

O ponto aqui é: as empresas do Vale do Silício são especialistas em vendas. Não tem como ser global se você vende mal.

Elas constroem um processo de vendas desde o início e vão aprimorando todos os dias.

A gigante Salesforce é referência em vendas. O método que implantaram virou modelo para todas empresas do Vale e do mundo.

Lembra que comentei que o maior prédio da costa oeste dos EUA é onde fica a sede deles? O que não comentei é que os prédios ao lado e muitos outros em San Francisco são deles também.

Tive oportunidade de visitar alguns deles, inclusive de subir no topo da Salesforce Tower, que vista linda.

Sabe o que mais me chamou a atenção? Andares e andares só para o time de vendas.

"Mas Pedro, eles não vendem tudo online?". Não. Vendem por telefone mesmo.

Eles têm uma sinergia fantástica entre o marketing e vendas.

Tem times para atrair o potencial cliente, times para qualificar esse lead, times para iniciar a negociação, times para fechar as vendas, para fazer pós-venda e cuidar do sucesso do cliente.

Vamos olhar cada etapa ok.

Atrair o potencial cliente: para isso, primeiro você precisa saber quem é esse potencial cliente. E aqui é onde vejo muitas empresas errando feio.

Ter clareza de quem é seu perfil de cliente ideal é o primeiro passo para vender bem. Pior que não vender é vender para o cliente errado. Além de ele dar trabalho, consumindo o tempo do seu time, ele paga mal e ainda reclama de você.

As empresas no Vale investem um bom tempo para descobrir seu PMF (Product Market Fit), que é a combinação de "o que e para quem é". Ou seja, qual o melhor produto para esse mercado.

Lembra das aceleradoras? Um dos objetivos lá é a startup sair com seu PMF definido.

Sem ter clareza disso, como criar campanhas de marketing assertivas?

Assim que você definiu seu PMF suas campanhas de marketing ou seu time de prospecção começam a geração de leads (pessoas que demonstram interesse).

Com os leads em mãos seu time de pré-vendas começa a qualificar e checar se realmente eles têm perfil para serem clientes, com critérios previamente estabelecidos. Eles também levantam dados importantes do lead para a negociação.

Os leads com perfil avançam no processo com os vendedores que conduzem até o fechamento. Na sequência o time de pós-venda e de sucesso do cliente entram em ação, para garantir uma ótima experiência e a retenção desse cliente.

Dei uma bela resumida no processo para que você tenha uma visão do quadro geral. Talvez você já tenha familiaridade com isso, mas a grande maioria dos empresários não.

Alguns podem estar pensando que isso é apenas para empresas grandes.

Esse processo serve para qualquer tamanho de negócio e faz toda a diferença.

A grande empresa é a pequena empresa que fez a coisa certa.

Em uma das minhas mentorias, estava com um empresário que tem uma construtora pequena. Estamos estruturando a área comercial, pois era tudo centralizado nele.

Um dia ele me ligou e disse que estava com seu comercial sobrecarregado, pois a estratégia de prospecção que tinha passado para ele estava funcionando. Mas o problema era que o comercial perdia muito tempo abrindo os contatos e não estava batendo as metas.

Ele disse que ainda não conseguia contratar outro pois era muito caro, a pessoa precisava entender de engenharia e outras habilidades técnicas.

Sugeri o seguinte. Vamos montar um script de qualificação do cliente, vamos contratar um estagiário e colocar ele para fazer essa prospecção, qualificando e já levantando algumas dores e informações importantes para seu comercial.

Bingo! Além de otimizar o tempo do vendedor os leads chegavam muitos mais aquecidos para ele.

Entenda, você não vende porque você é esforçado, você vende porque é inteligente!

Quando você começa a estruturar seu processo de vendas e ter clareza do seu funil você cria sua máquina de vendas e sua empresa consegue escalar.

As empresas no Vale estão sempre com foco em como podem atingir novos mercados. Mas com um processo estruturado.

Em um dos muitos happy hours que faço em San Francisco tive a oportunidade de conversar com um gerente de um time que fazia anúncios para o Google ads.

Isso mesmo, ele trabalhava no Google fazendo anúncios para as pessoas usarem o Google Ads, principal serviço de publicidade do Google que representa em torno de 96% do faturamento deles.

Ele contou quando assumiu as campanhas para um outro produto do Google com foco na américa latina, que as vendas estavam indo bem, mas ele começou a analisar mais a fundo e percebeu que alguns ajustes na tradução poderiam fazer a diferença.

Resultado, mais de 40% de aumento nas vendas.

Quais detalhes não estamos olhando que poderiam aumentar nossas vendas hoje?

Uma empresa que chama muito atenção é a Apple. Conversando um amigo em San Francisco ele comentou que já havia trabalhado na principal loja deles, fica na Union Square. Se um dia você tiver a oportunidade de ir, vale muito a pena.

Ele disse algo que fiquei surpreso. Os vendedores da Apple não ganham comissão. Aliás, eles não estão ali para vender e sim conversar com os clientes, ajudarem com suas dúvidas e criar uma experiência com eles.

As pessoas podem testar os aparelhos e testarem todos os recursos. A loja tem um ambiente aconchegante e internet para as pessoas trabalharem, eu mesmo já trabalhei muito lá. Eles oferecem workshop de variados temas quase todos os dias, gratuitamente.

Eles querem os clientes e a comunidade perto e oferecem um ambiente para isso.

Trouxe alguns cases aqui para que você possa refletir e quem sabe ligar alguns pontos.

Às vezes o que a gente precisa é de um novo olhar sobre as mesmas coisas.

Mensagem Final

Opa... e estamos chegando ao fim dessa missão aos bastidores do Vale do Silício.

A ideia desse livro era mostrar uma pitada do que acontece lá e quem sabe te inspirar a olhar um pouco além.

Vimos como o mindset de lá funciona e como você pode ficar presente para ligar os pontos chaves de sua vida.

Entendemos um pouco de como é o Vale, como eles pensam de forma global, encaram o fracasso e qual é o verdadeiro custo que importa.

Falamos sobre a importância da visão e do poder do networking. Já fez sua tarefa?

Entendemos qual é o principal ativo das empresas bilionárias e como usar isso no seu dia a dia.

Você viu que fazer negócios no Vale é algo possível e acessível a todos que têm uma visão clara e coragem de buscar seus sonhos.

E por fim compreendeu o modelo de vendas capaz de levar seu negócio para um novo patamar.

Quero fechar esse livro compartilhando com você uma atitude que virou cultura no Vale e que para mim é uma das melhores.

Se você praticar só essa atitude e transformar ela em um hábito, garanto que sua vida irá mudar!

Eu te desafio a fazer isso por um mês e me contar o que mudou na sua vida e negócios.

No Vale existe a cultura do Give Back muito enraizada.

Give back podemos traduzir como: retribuir, dar de volta.

Sabe, lá, como em qualquer lugar no mundo dos negócios, os empreendedores precisam muito de ajuda. E eles tem muito forte o senso retribuição.

Muitos grandes empresários lá abrem sua agenda para darem mentoria e palestras e quando questionados por que fazem isso eles dizem: lá atrás fizeram isso por mim.

Muitos prédios de universidades lá foram doações de alunos bem-sucedidos. Eles pensam: A universidade me ajudou a chegar onde estou, isso é mínimo que posso fazer.

A lista não para.

A reflexão é: o quanto estamos retribuindo o que a vida já nos deu? Será que estamos retribuindo ou só pegando?

Desejo que algum insight deste livro possa mudar o rumo do seu negócio ou carreira, mas que principalmente, que nesse processo você impacte e transforme muitas vidas, começando com a sua!

Se você chegou até aqui, **isso prova por a + b o quanto você está sério em levar o seu negócio ou sua carreira para o próximo nível.**

Buscar um conhecimento tão poderoso e único como os bastidores do lugar mais inovador do planeta foi uma excelente decisão.

Eu acredito que aprender mais sobre como os empreendedores de lá se comportam foi o maior ponto de virada na minha carreira.

É provável que você irá chegar nessa mesma conclusão.

Entender o que acontece no Vale do Silício significa aprender a ver o futuro.

E essa é uma das habilidades mais poderosas e lucrativas para qualquer dono de negócio ou profissional.

Espero que você tenha curtido essa missão de aprendizado que tivemos juntos.

Compartilhe o livro nas suas redes sociais e me marque no Instagram.

@Pedro_Gadelha

#missaonovaledosilicio

Quer conhecer mais sobre minha mentoria ou sobre as imersões internacionais de negócios?

Acesse: www.pedrogadelha.com.br

Abraços, sucesso e pra cima!
Fique com Deus